ATREVERSE
A
VERSE

MARÍA EUGENIA BRUNKHORST

ATREVERSE
A
VERSE

EDITORIAL DUNKEN
Buenos Aires
2025

Brunkhorst, María Eugenia
Atreverse a verse.
1a ed. - Ciudad Autónoma de Buenos Aires: Dunken, 2025.
104 p. 23x16 cm.

ISBN 978-987-85-5018-3

1. Literatura. 2. Narrativa. 3. Prosa Literaria. I. Título.
CDD A861

Ayacucho 357 (C1025AAG) - Capital Federal
Tel/fax: 4954-7700 / 4954-7300
E-mail: *info@dunken.com.ar*
Página web: *www.dunken.com.ar*

Hecho el depósito que prevé la ley 11.723

e-mail: intromonama@gmail.com
ISBN 978-987-85-5018-3

PRÓLOGO

Transcurría el año 2012 y lo que para muchos era el fin del mundo, para mí solo era subir un peldaño más, en mi escala evolutiva espiritual.

Los síntomas de mi despertar surgieron a raíz de un conflicto personal que, sin lugar a dudas, fue la muerte de un yo obsoleto y prefabricado que no funcionaba más.

Al principio resultó duro, porque la desolación, la tristeza y las sombras alojadas en mi interior me sacaron de mi zona de confort y me obligaron a valerme por mí misma y a llamar la atención.

Todo mi entorno cambió y unas pocas personas me vieron en mi doloroso proceso de transformación. El proyecto de "oruga a mariposa" se había puesto en acción; y había escenarios que eran necesarios dejar atrás para continuar con la evolución.

La mayoría de la gente no comprendía lo que me sucedía. Algunos pensaron que me había vuelto una loca de atar, otros se aprovecharon de mi vulnerabilidad y mi soledad para satisfacer su ego y su encanto. Poquitas almas me abrazaron y me acompañaron sin pedir de más, pero el UNIVERSO, como ordenado que es, me envió un pequeño grupo de conciencia amorosa y elevada, que me ayudó a dar mis primeros pasos en mi senda espiritual.

Hoy, después de más de doce años, sigo sanando y continúo trabajando en mi viaje al Ser, desde esta 3D.

A veces el proceso se torna algo doloroso y espinado, pero tu divinidad te brindará todas las herramientas para que lo puedas superar.

Mi humilde consejo es: –¡Confía en ti! Reza, medita, respira y, si sientes que no sabes o no puedes, pide ayuda a tus guías y maestros, ellos esperan pacientes tu contacto.

Gratitud infinita a todo lo que fue y es.

Gracias a todos los maestros con quienes me topé.
Gracias a mí, que me caí mil veces y sigo aquí.
Gracias a ti por estar ahí.
Gracias, Gracias, Gracias
¡Bendiciones!

AGRADECIMIENTOS

Gracias a mis padres, Agustín (Pocho) y Leticia (Kiki), quienes, desde su servicio amoroso e incondicional, me guiaron hasta este plano, para que mi alma pueda evolucionar.

Gracias a José Cristian Chiapello y a mis adorados hijos, Dhiren y Dharma, por ser mis pilares en el día a día.

Gracias a Josè M. Brunkhorst, Xavier Brunkhorst, Gisela Grisetti y Mariela Danelone, por aguantar mis momentos de exaltación y frustración.

Gracias a Hernán Plantón Dobler por inspirarme a escribir, a través de su sentir y compartir.

Gracias a A.G. por haber sido un guía incondicional e impulsarme a descubrir esta faceta de escritura en mí, mucho antes de que pueda vislumbrarlo.

Gracias a Mariano Cáceres por ser un puente para lograr mi propósito.

Gracias a Julio Garibaldi por su amoroso y desinteresado aporte.

Gracias a mis maestros terrenales y ascendidos, por sostenerme a lo largo de esta escuela llamada "vida", en especial a "Lady Nada", por abrazarme con su frecuencia, en los momentos de más luz y también en los de mayor oscuridad.

¡Gracias a la divinidad por permitirme regresar!

¡Gracias a todos los que están, estuvieron y vendrán!

¡Gracias a ti por estar!

Los amo.

"Atreverse a verse es el primer paso hacia tu divinidad".

NOTA DEL AUTOR

Este libro no ha sido creado siguiendo una correlatividad. El/la lector/a podrá tomarlo al azar y leer el mensaje que se le presenta y obtendrá una clara guía que proviene de lo más profundo del ser.

Disfruta y ábrete a los mensajes que el Universo tiene para ti.

"El misterio está en la magia de volverse hacia adentro".

INTRODUCCIÓN

Estar conectado al todo, no presume esfuerzo exagerado, es asequible para aquel que se atreva a ver y a verse interiormente.

De eso se trata "atreverse", de romper con todo aquello que nos contaron y nos creímos, para mantenernos dormidos y sumisos.

Quizás suene a cliché, pero dentro de ti subyace un poder inmenso e infinito, a la espera de ser despertado y que, con mucha paciencia, constancia y trabajo interno, podrás lograrlo.

Te invito a que te veas y te atrevas.

Atreverse, aunque el miedo se apodere.

Animarse sin que importe el "qué dirán".

Atreverse es pasar al siguiente nivel, sin esperar un resultado.

Arriesgarse es volar al infinito y un poco más.

–¿Te atreves?

PENSAMIENTOS

"Observa el momento presente y conecta con tu verdad".

Cuando realizamos algún tipo de meditación guiada o simplemente contemplamos con atención plena, se nos dice que nuestros pensamientos son como nubes que van transitando en un día soleado. El solo hecho de observarlos hace que nuestra mente, poco a poco, se vaya desacelerando.

Con el correr del tiempo, irás notando que esas nubes se van aletargando y conforme vas entrando más profundamente en tu interior, las voces parlanchinas de tu cabeza se irán apagando y, por ende, el cielo se tornará más despejado.

Ahora dime: –Si las nubes se van escurriendo y el firmamento se va aclarando:

–¿Quién sigue observando?

–¿Qué es lo que está más allá de ese cielo y el sol dorado?

–¿Qué presencia silenciosa te sostiene en la calma?

–¿Qué es lo que está detrás del todo y de la nada?

Observa.

Quizás hayas comenzado tu meditación con un cielo tormentoso o nublado, lleno de pensamientos negativos, que se han disparado por emociones intensas o el estrés cotidiano.

Tal vez tu cielo estuvo algo claro y un bello arcoíris, de infinitos colores, lo ha pintado.

No importa cómo hoy estés, lo significativo es tratar de entender que todo es cíclico y energético y que un mínimo cambio puede ser motivo de cielos despejados y estrellados.

Respira, solo respira.

Mi alma saluda a tu alma.

SER

"En la suspicacia de no saber quién soy,
descubro realmente lo que soy".

A diario nos sumergimos en una búsqueda innecesaria de saber más o indagar. Claro está que el conocimiento no está de más, pero demasiada información solo se torna obsoleta cuando se trata de índole espiritual. Nada más erróneo que buscar afuera aquello que en tu interior no encuentras; pero es normal caer en este patrón de separación, cuando aún hoy no conectas con tu verdadera esencia.

Te preguntarás: ¿Qué debo hacer?

–¿Cómo conecto con mi espíritu, mi divina presencia?

Solo observa… siente tu cuerpo, respira y suelta.

El no hacer también cuenta.

No busques, eso es cosa del ego.

Mejor vive… lo demás lo hará el resto.

Se acercan grandes cambios…

¡Wake up!

¿Estás preparado/a?

MADRE

Madre.
La que sostiene.
La que nutre.
La incondicional.
La que, a pesar de todo, ahí está.
Madre.
De uno/a.
De todos.
Tú que has redimido las heridas más profundas por el simple hecho de amar.
Madre.
Siempre atenta.
Siempre eterna.
Gracias por todo lo que brindas.
Gratitud por todo lo que nos das.

Mantener una relación sana con la dadora de nuestra vida es un factor esencial para el avance y la evolución en el campo terreno-espiritual. Muchos maestros han hecho foco en esto, pues no hay ascensión, sino guardo un mínimo atisbo de gratitud, con quien me creó.

La energía matriz no solo es la encargada de proveer alimento y sostén de índole emocional, sino que su labor va un palmo más allá. La madre es el origen de un universo alterno que almacena toda la información que nos conecta con la totalidad, esa que subyace a la espera de nuestro accionar para que nos pueda abrazar.

Honrarla es tomar en completitud la existencia que nos permite vivir infinitas experiencias. Si la niego, estoy rechazando el sustento y eso traerá consecuencias desequilibradas en áreas cotidianas como la pareja, el trabajo y la realización plena del ser.

Hoy te invito a reflexionar:

–¿Cómo es tu relación con tu madre?

–¿Cuán a gusto te sientes con tu vida?

–¿Miras tu entorno y lo que te rodea te gratifica?

Si la mayoría de tus respuestas han resultado negativas, déjame decirte que aún tienes mucho por integrar.

Te invito a que cierres los ojos y reverencies con humildad, a ese ser amoroso llamado "Mamá".

AUTO MAESTRÍA

¡No me sigas!
¡Por favor, no me sigas!
Si mis palabras u acciones, no te inspiran;
Hazte el favor y no me sigas.
No tengo nada para darte.
Todo lo traes tú; hasta tu propia medicina.
Una vez más te digo: –¡No me sigas!
No soy maestra de nadie, solo soy tu compañera en este viaje llamado "Vida".

En las últimas décadas, el movimiento llamado "New Age" no solo ha abierto una nueva filosofía de vida para quienes realmente se comprometen con su proceso de despertar de la conciencia, sino que también ha traído un sinfín de herramientas que, a lo largo de milenios, fueron olvidadas e incluso censuradas de la psique humana y colectiva.

Muchos canalizadores y trabajadores de la luz han sido pioneros, y siguen, desde su propósito álmico, el sendero de guiar a otros para que recuerden su esencia divina y se reconecten con su propio origen espiritual.

Terapias como el Reiki, la Biodecodificación, los Registros Akáshicos, la regresión hipnótica, las constelaciones familiares, la psicología transpersonal, entre muchas otras, son peldaños que permiten acceder a esa información que ya traes cifrada en tu interior.

Al principio, quizás necesites de seres a quienes llamarás "maestros", para que te sostengan y te enseñen a reconectarte con tu verdadera naturaleza.

Pero, a medida que vayas despertando, ya no será necesario seguir a nadie… a menos que tu espíritu necesite orientación para alcanzar un siguiente escalón en tu evolución.

Medita. Sé constante en tu práctica. Habrá días en los que no se abra nada... pero también surgirán otros en los que podrás conectarte con el Todo, sin salir de casa.

–¿Meditamos juntos?

UMBRAL

En la ecuanimidad de las cosas,
los miedos más profundos emergen,
como autodidacta descentrado de su labor rutinaria.
Crecer en conciencia es crecer en autonomía.
El humano luz no controla.
EL HUMANO LUZ SE ENTREGA.
Acaricia el despertar espiritual como brisa otoñal.
Aprende de los árboles,
que sueltan sus hojas respirando el viento frío.
Aprende de tus emociones:
No las juzgues, no las cuestiones.
Cerciórate de observar más allá de lo observado.
Abre el abanico de posibilidades infinitas,
para terminar de pulir tu energía.
Presta atención a los detalles más insignificantes.
No cambies el foco.
Siente la viveza y el amor de experimentar la vida,
en todas sus formas.
Canalización.

Atravesar el umbral del despertar es sumergirse en lo más profundo de cada ser.

El ser "humano" no es tener conciencia primigenia, es ir más allá del concepto básico que nos enseñaron.

El ser "humano" es trascender, con cada nimia fibra, los planos más densificados de la tridimensionalidad.

Es elevar la conciencia al Uno.

Es convertirnos en la totalidad.

Es volver a casa, en completa unidad.

Si estás leyendo esto, es porque estás comenzando a transitar un nuevo camino.

Atrévete a mirarte desde lo profundo.

Nada puede ahogarte, solo el temor de no intentarlo, la flaqueza de haber desistido y no querer asumirlo.

¡Yo me atreví!

–¿Y vos?

ESPINAS

Gente que fue, que va y que viene.
Estructuras sólidas como rocas que se desmoronan.
Un bullicio abarrotado en silencios prolongados.
Y ahí estás...
¡Sí!
Sí, te hablo a vos.
Tú, que piensas sin pensar,
moviéndote en la quietud de un tormentoso despertar.
–¿Fácil?
¿Quién dijo que lo era?
Si lo liviano no te pesa... ni te llena.
Muertes... muchas.
Vidas, infinitas.
La presencia... única.
Un corazón que late y vibra.
Amor = Morte, al unísono de un suspiro.
Respira mientras puedas. Respira.

Un engaño, una traición, un duelo o algo que simplemente termina sin previo aviso presupone una piedra en el camino.

En algún momento, todos atravesamos situaciones incómodas o dolorosas, activando un cuerpo de dolor frágil y silencioso, como un gigante dormido.

Cuando eso sucede, sentimos que nada de lo vivido tiene sentido.

El ego –caprichoso y malherido– se victimiza, exagerando lo ocurrido.

Pero si tan solo, en ese instante, pudiéramos mirar desde arriba, sin reaccionar al cúmulo de emociones que comienzan a surgir, de la siguiente manera: pero podríamos ser conscientes y así elevarnos por encima del pensamiento.

Podríamos ser conscientes y así elevarnos por encima del pensamiento.

Evitaríamos desatar una guerra interna, alimentada por el cuerpo mental y el emocional.

Y entonces veríamos que todo...

Es solo un instante.

Sin rótulos, sin juicio.

Solo es.

Esa circunstancia que etiquetamos como triste o desafortunada es simplemente una experiencia más que la esencia desea transitar para trascender y evolucionar.

Tal vez me digas:

Pero hay que estar en el lugar de uno, para accionar, aun cuando las emociones desequilibran el bienestar.

¡Y sí, claro!

Yo también he pasado por escenarios resbaladizos que me hicieron tambalear.

Pero de ese paisaje sombrío, logré despertar.

Lo que puedo decirte es:

–Ten calma.

–Respira.

–Siente.

–No reprimas nada.

Porque aquello que no sueltas termina enquistándose más profundo en el corazón.

Surge de las cenizas como el ave fénix.

¡No luches!

Observa con conciencia lo que te ocurre y todo lo que pierdes cada vez que no estás presente.

Recuerda:

La vida es bella como una rosa... pero incluso en ella, hay espinas que dejan heridas.

GUERRERO

No soy este cuerpo,
tampoco son mis palabras.
Puedo presumir de todo,
y también de la nada.
–¿Quién soy?
Miles de respuestas se precipitan
Y me quitan la calma.
Respiro, me habito
y escucho a mi alma.
¡Lo que tenga que ser, que sea!

Un silencio predominante gobierna la mente del pensador.

Los sentidos se agudizan antes de la caza, como en el experto cazador.

El eco de voces lejanas no le quita el punto focal de su visión.

Si la emoción, de repente, se hace presente, la siente y la palpa –expectante y alerta–, como si de la mismísima muerte se tratara.

La crueldad ya no forma parte de su corazón.

Poco a poco, la calma va colmando el cuerpo y el espacio.

Y hace su entrada triunfal aquello que percibimos como el Todo, y también la Nada.

La negrura, en su total contemplación, hace más clara y fehaciente la meditación.

Y ahí estás…

Suspendido/a en el espacio sideral.

Solo tú y tu divinidad, en perfecta unidad.

El ser… y nadie más.

VALENTÍA

Tratar de seguir en el camino requiere de constancia y valentía.
Y aunque varias veces me caí,
logré ponerme de pie... y no me rendí.

La valentía de saberse necio.

La opresión que se acumula en el pecho.

El desánimo circundante de quién escribe castillos en el aire.

La apariencia diminuta del que guarda los acontecimientos venideros en un tacho, como vertedero.

La pureza del corazón, de quien aún yace entero.

La insensatez de ir en contra del propio sentir.

La incongruencia de acallar la voz del corazón, por temor al fracaso o a la frustración.

Normal... suele pasar.

No es más que un artilugio petimetre de la mente egoica, dando batallas estoicas.

Cruzar el charco sin saber qué hay más allá es la capacidad de aquel que se entrega, confiando en la guía divina.

Es meretriz aquel que deja de ser vulnerable para convertirse en un humano impávido.

Es de osados dar el salto, aunque no se vislumbre el portal al final del túnel.

Eres la brillante luz que necesita de la oscuridad para encenderse.

Sos mucho más de lo que te contaron.

Te invito a vivir la experiencia de auto conocerte y sacar a flote tu valía.

VACÍO

"Allí donde predomina el silencio inmutable, ahí me encontrarás".

Vaciar la mente de programas obsoletos resulta totalmente imprescindible para el desarrollo de una conducta sana y expansiva, conectando mente – corazón y percibiendo más allá de la razón.

Hoy en día, a pesar de estar inmersos en múltiples actividades y rodeados de distracciones externas, es muy común sentir una sensación de vacío que emerge desde lo profundo del ser y parece imposible de sostener. Esa percepción de vacuidad suele presentarse como una simple queja, inestabilidad emocional, sentimiento de insatisfacción, disolución de relaciones, adicciones, etc. La lista parece interminable a la hora de enumerar los efectos que ocasiona la aparente carencia.

Sin embargo, solo hay un detonante –en lo referente al plano espiritual– que genera el ilusorio malestar: la desconexión.

Cuando nos encontramos separados de nuestro propósito divino, el espíritu manifiesta incomodidad como un llamado de atención, señal de que hemos errado el camino.

Recordemos que, antes de encarnar, todas las almas hemos cocreado un plan individual con aquellas vivencias que necesitamos experimentar para crecer y evolucionar. Si bien existe el libre albedrío y algunas cuestiones pueden variar, hay determinadas situaciones que se nos presentarán para que podamos "recordar".

La próxima vez que te abrume la sensación de vacío, hazte las siguientes preguntas:

–¿Qué camino estoy tomando que no se ajusta a mi destino?

–¿Sigo los dictados de la mente o los de mi intuición?

Tómate unos momentos para entrar en tu espacio interior y, sin más rodeos… da un salto cuántico al corazón.

PAUSA

"Eres ese instante... el que solo sucede.
Eres el todo y, también, la nada.
Eres el mayor secreto que escondo en mi alma".

Hacer un STOP no es signo de debilidad o flaqueza, sino más bien, una pequeña pausa para observar atentamente e integrar aquello que te sucede en el instante presente.

Si no aprendes a darte tu espacio, difícilmente otros respetarán tu forma de ser y sentir.

–¿Y vos?

–¿Ya hiciste tu STOP?

–¿Ya respiraste de forma consciente hoy?

Te invito a practicarlo… y a que me cuentes qué experimentaste al hacerlo.

CREO

"No existe temor a perder algo, existe resistencia a soltarlo".

___¿Realmente creo lo que creo?

De ser así…:

–¿Qué realidad estoy manifestando desde mi interior?

–¿Es una realidad abundante, próspera, llena de luz y armonía, donde queda de lado todo juicio o percepción errónea, tanto hacia las demás personas como hacia mí?

–¿Me conecta con mi parte sagrada y divina, esa que todo lo puede y que nada la detiene?

¿O, por el contrario, estoy atrayendo situaciones donde la queja, la crítica, el juicio y el drama emocional están a la orden del día?

Vos me dirás:

–¿Cómo que yo "creo" lo que estoy viviendo y experimentando? ¡¡Para mí es real y absoluto!!

Pues claro. Estamos conectados a un sinfín de pensamientos y programas que, a lo largo de nuestra existencia, han moldeado esta realidad 3D: una dimensión distorsionada y mal aprendida, construida bajo redes de mecanismos de control interno, que solo buscan manipularnos y alejarnos de nuestro verdadero potencial… y de nuestra capacidad de accionar desde el corazón.

–¿Veo a mi alrededor plenitud o caos?

–¿En qué plataforma de mi conciencia estoy creando mi día a día?

–¿Qué realidad deseo cocrear?

¡Ábrete a las puertas del cambio!

¡Atrévete!

AMOR

Amor que sana.
Amor que mata.
¿Un único amor?
¿O un poliamor?
Amor fiel.
Amor infiel.
Amor.
Eso es lo que es.

Adán nunca existió sin Eva.

Jesús fue acompañado y abrazado por María Magdalena.

Romeo cobra vida… y muere por Julieta.

Y dejo de nombrar, porque si sigo, escribiré una novela de nunca acabar.

Desde el inicio de la creación hasta hoy, el amor ha teñido de rosa miles de historias.

Desde un amor sano, hasta uno no tanto…

El amor tiene la capacidad de descongelar hasta el corazón más cerrado.

Nos contaron que amar era seguir un patrón falso, donde necesito de otro para sentirme completo y pleno. Pero lo que no nos dijeron es que el "felices para siempre" –literalmente– es puro cuento.

El amor verdadero va más allá de cualquier percepción idílica o ilusión.

El amor es sentir sin hacer.

Amar sin forzar.

Es dejarse cautivar, por lo que ninguna idea, pensamiento o imagen mental puede encajar.

El amor es la esencia que nos contiene y nos envuelve.

Una caricia a nivel de alma, que se expresa en detalles tan sutiles que a veces resultan imperceptibles.

El amor es… lo que es.

Eres amor.

Y si vibras en amor, has logrado aquello que toda la vida buscaste: ***SER.***

MAGIA

"Cuando comienzas a ver la vida con otros ojos...
todo te resulta fascinante y bello".

Existen momentos en los que sentimos que todo está estancado, que nada avanza.

Y, casi sin darnos cuenta, comenzamos a manifestar –desde la queja y el pesimismo– que la mal llamada "desgracia" se ha empecinado en acecharnos.

Cuando eso sucede, buscamos culpables afuera de nosotros, o –mejor aún– nos adjudicamos el rol de víctimas y protagonizamos la película más trágica jamás contada.

Es natural atravesar experiencias dolorosas que nos sacan de la zona de confort.

Lo que no es natural es quedarnos atrapados en la creencia de que todo va mal o se pondrá peor.

Mi pregunta es:

¿Por qué nos cuesta tanto aceptar el momento presente?

¿Por qué no podemos ver más allá del gris que opaca la rutina?

¿Qué poderoso cocreador se oculta debajo de tus espinas?

¿Qué creencia limitante te jala hacia abajo e impide que abras tus alas a la vida?

Recuerda: el Universo no juzga ni castiga.

Aquello oscuro que hoy te afecta, también puede terminar mañana.

Si cambias tu percepción, todo fluye. Y lo que antes parecía trágico, se convierte en una experiencia divina.

¡Ámate, acéptate, respétate!

Te invito a agradecer, al menos, cinco cosas que tienes cada día y no sueles valorar.

Yo, hoy, doy gracias por permitirme estar en tu vida. Gracias. Gracias. Gracias. Gracias.

COMPROMISO

"Si no te comprometes con vos mismo/a,
no pretendas que otros lo hagan contigo".

El orden comienza por casa (interior).

Si vivís quejándote de que tu exterior es un caos, mírate de frente y obsérvate con honestidad:

¿Cómo estás, de verdad?

¿Qué estás dispuesto/a a cambiar?

¿Cuán comprometido/a estás con tu sanación?

¿Qué estás haciendo por ti y por los demás?

pregúntate.

Replantéate tu hoy, tu realidad, tu existencia.

Sé que suena a cliché, pero si vos no cambias:

–¿Quién lo va a hacer?

–¿Lo intentamos juntos?

Aclaración sincera:

No jorobes a otros si vos no estás dispuesto/a a dar el paso.

¡A llorar manzanas… y que te lluevan calabazas cuando no quieras intentarlo!

Algo de mí, para ti…

SOMBRAS

Te acompaño en las sombras y con un sol radiante.
Te acompaño en la soledad, aunque estemos distantes.
Te acompaño más allá de todo ego y apariencia arrogante.
Te acompaño sin que puedas verme ni tocarme.
Te acompaño en el silencio profundo y en el ruido incesante.
Te acompaño en mis momentos crueles y cuando toco tu mano.
Te acompaño en tus triunfos y en los llamados "fracasos".
Te acompaño, a pesar de mi inconsciencia de ser humano.
Te acompaño porque reconozco que amarte no es, ni fue, ni será en vano.

Hace un tiempo escribí esto, y por alguna razón, se me borró y no pude compartirlo.

Quizás no era el momento.

Hoy lo recuperé y puedo retransmitirlo.

Tómalo solo si resuena con vos. Si no, simplemente suéltalo al universo.

¿Te suenan estas frases?

–"Si suelto ahora, no dolerá".

–"Voy a salir para olvidar".

–"¡Esto también pasará!".

Ahora te pregunto:

–¿Cuántas veces repetiste esos clichés en automático para abstraerte del sufrimiento?

–¿Por qué, ante el mínimo atisbo de dolor, te escabullís en situaciones banales para no sentirlo?

A diario transitamos episodios tormentosos, momentos "torre" que nos sacuden y nos alejan del centro. Una ruptura, una pérdida, un despido, un fracaso… son más que suficientes para activar el pesar interno. Pero recuerda: es momento de sanar.

De dejar al descubierto eso que intentas ocultar.

La próxima vez que algo penoso te suceda, acéptalo.

Reconoce tu sombra y permite que aflore. Ámala, aunque duela; como la espina del cuento del ruiseñor…

Abrázate.

Intégrala.

Sé.

No disfraces con máscaras egoicas lo que realmente sientes o atraviesas.

Ya has demostrado ser un alma resiliente.

Date el permiso de habitarte.

Y así fluirás con tu proceso, a tu forma y en tu tiempo.

Acuérdate:

Del carbón nace la joya más hermosa del universo.

No estás solo/a.

Te abrazo.

Nos abrazamos.

Te amo.

Ámate tú también.

PORTALES

"Cuando menos lo esperaba, abrí mis ojos y comprendí que la verdadera naturaleza del ser solo se puede concebir en la más oscura y completa soledad".

Puertas que se cierran por dolor o temor a ser descubiertas.

Puertas entreabiertas, que esperan –con ansias ilusorias– que todo se resuelva.

Puertas abiertas de par en par, que invitan a cobijar lo que la vida les presenta.

Puertas olvidadas, que por maltrato y destrozo fueron desechadas.

Puertas de entrada.

Puertas de salida.

Puertas de emergencia.

Puertas infinitas…

Las puertas son como los corazones:

Algunos están disponibles, otros, en proceso.

Por aquí, enfrente de una puerta en reparación.

–¿Y tú?

–¿Delante de qué puerta estás?

PERDÓN

"El perdón es la llave que abre nuestro corazón".

Reivindicarse ante hechos inconmensurables es darle rienda suelta a la virtud de perdonarse y redimirse ante otros, cuando hemos cedido espacio a la mente y al dolor.

Lastimar o dañarse son mecanismos inconscientes que se activan automáticamente, cuando emergen heridas no sanadas o patrones transgeneracionales del falso yo.

Una actitud inescrupulosa se amplifica cuando la vulnerabilidad ha sido golpeada, intentando acallar nuestra verdadera esencia.

Reconocer al ego herido y lastimoso nos permite rendirnos ante lo que no somos, ni seremos.

Y en esa rendición, el amor sigue siendo lo que prima primero.

Perdonar y perdonarnos es una herramienta sanadora y poderosa, imprescindible en nuestro camino de evolución y ascensión.

Recuerda: –Un cimiento fuerte sostiene enormes monumentos, incluso en medio del peligro.

Perdonar y perdonarnos nos engrandece desde la humildad y nos abre a expandir nuestra luz interior.

ATREVERSE

Atreverse, aunque el miedo se apodere.
Animarse, sin que importe el "qué dirán".
Atreverse es pasar al siguiente nivel, sin esperar un resultado.
Arriesgarse es volar al infinito... y un poco más.
Atreverse es el primer paso hacia tu divinidad.

El mundo que conocemos forma parte de una creación cuantiosa e infinita, que está en constante movimiento, dando vida y manifestación a lo que llamamos deseos. El ser humano ha olvidado su capacidad de crear a conciencia, junto con el cosmos.

La rutina, el dominio de doctrinas ortodoxas y los viejos paradigmas se han encargado de que el velo ilusorio le nuble la vista.

Pero hoy, una nueva Tierra se está gestando.

Y con ella, miles de seres están despertando.

Parte de ese plan es recuperar el poder personal y divino que cada uno posee y que, hasta ahora, ha permanecido dormido.

–Y tú: ¿Estás preparado/a para el cambio?

MEMORIA

"Memoria" es el nombre con el que te llamé,
para que no se me olvide esta historia".

Dejar atrás el pasado, a menudo, resulta complicado, pero necesario…

Estamos tan acostumbrados a vivir en modo automático, que nuestro ego recrea fantasías ilusorias o dramas repetitivos con tal de mantenernos desconectados.

El botón de reproducción se enciende, y no hay pausa que detenga el parlotear de la mente.

Así, se nos pasan los días… sin poder disfrutar del presente.

Ahora te pregunto:

–¿Eres consciente de todo esto?

Si tu respuesta es sí, entonces respira profundo.

Porque aún… nos queda algo de tiempo.

AVANZA

"Da ese paso, aunque la incertidumbre no sea tu mejor consejera".

Como dice Eckhart Tolle en su libro "El poder del ahora":

–"Si no es ahora, ¿cuándo?".

Después de todo, el presente es lo único que realmente tenemos.

Posponemos miles de ideas y proyectos esperando el momento correcto…

Y no nos damos cuenta de que todo es incierto, damos por sentado que aún nos sobra el tiempo, mientras tanto, la vida se escurre. Y nosotros ahí, sedentarios, sin impulso y sin deseo.

Pero si comienzas a respirar conscientemente, en este preciso instante, conectarás con tu presente y notarás que todo quehacer se ejecuta en el ahora.

Porque esta es la única línea de tiempo donde todo sucede. Y es eterna.

–¿Y vos?

–¿Qué esperas para dar ese paso?

–¿Qué eres capaz de hacer hoy?

–¿Qué excusa reticente intenta gobernar tu pasión?

Arriesgarse puede parecer osado.

Pero accionar a pesar del miedo… eso es de intrépidos.

AGRADECE

"Cuánta más gratitud desarrollas en tu vida,
más experiencias gratificantes vivirás".

Se agradece la mañana,
lo malo,
lo certero
y lo insano.
Se agradece la confianza,
la beatitud,
Lo cercano.
Se agradece la tesitura de un tomar de manos.
Se agradece el abrazo de quien no duda en acompañar tus pasos.
Se agradece el sublime trinar de las aves, que dan su cuota de amor en su veloz paso.
Se agradece lo que molesta,
porque si no te inquietara, seguirías en la monótona rutina… y no te moverías.
Se agradece lo sutil, aunque no lo percibas a ciencia cierta.
Se agradece la quietud que se oculta detrás de una mente dispersa.
Se agradece la oscuridad que te hizo tambalear, porque de otra forma no valorarías hoy tu vida.
Se agradece la gracia de tu infinita presencia, porque no hay errores en toda la existencia.
¡Agradece absolutamente todo!
Lo que posees…
Y también lo que aún no tienes.
Y verás cómo los milagros se suceden.
No te obligo a nada; solo inténtalo…
Puedes empezar por una auto indagación:
–¿Cuán agradecido/a estás hoy?
–¿Qué motivos tienes para dar gracias?
–¿Qué te gustaría alcanzar o lograr que aún no llega?

Yo doy gracias por ti, por mí y por quienes restan.
Gracias por leerme y estar ahí…
aunque no te des cuenta.

SEMILLAS

"Cuando la naturaleza te abraza, hasta la vibra te cambia".

Realidad dual.
Realidad dispar.
Estructuras egoicas de la polaridad:
luz y sombra.
Amar y odiar.
Opuestos complementarios en una simbiosis natural, para la supervivencia terrenal.
Todo ocurre en la perfección del espíritu.
Nada es aleatorio.
Los juegos de roles se equilibran para interpretar los deseos de la magnificencia creadora del Ser.
Cada uno cumple su función en el planeta.
Nadie es más que otro, ni menos que el resto.
Somos artífices genuinos de un nuevo universo.
Haz aquello que te haga feliz:
Ora.
Medita.
Baila.
Ríe.
Disfruta.
Hay semillas que aún crecen en condiciones adversas.
No se necesita mucho: solo intención y algo de esfuerzo.
Lo que buscas, ya lo tienes dentro…

CONEXIÓN

Hoy el amor se metió en mi alcoba.
Tú te disfrazaste de Dios,
y yo, yo de Diosa.
Uno a uno, se activaron los sentidos,
y el latir de nuestros corazones.
Se hizo eco en el infinito.
El aroma a rosas perfumó la cama.
El dulce elixir de tu cuerpo hizo estallar mi calma.
Nuestras almas vibraron al unísono, transmutando aquello que nos dejó dolidos.

Unirse en relación sagrada y en conexión íntima desde el corazón con una pareja, no solo es un momento de comunión con el otro, también es una maravillosa oportunidad para alcanzar niveles superiores de conciencia. Además, podemos expandir nuestros cuerpos de luz, mediante la presencia atenta y sostenida, acompañada de una respiración armónica y rítmica.

Desde la cosmovisión tántrica, sumergirnos en el vaivén de las aguas, con concordancia y respeto por la divinidad de cada ser que se funde en un acto sexual primigenio –pero exento de banalidad– puede llevarnos a experimentar el éxtasis y elevarnos hasta alcanzar el tan anhelado "nirvana".

Tu mente te hará creer que esto es cosa de budas y maestros ascendidos, pero déjame decirte que, si amas, honras a tu compañero o compañera de camino y practicas tu sexualidad sagrada con constancia, paciencia y sin esperar nada, habrás alcanzado una mayor conciencia, y se habrá despertado el verdadero amor, en toda su extensión.

–¿Te animas a experimentarlo?

FLUIR

"Sé consciente de lo que pierdes en cada momento que no estás presente".

Fluir… De eso se trata la vida, de fluir.

De aceptar que hay algo más allá, algo que aún no puedes explicar.

Que ciertas situaciones –o personas– vienen, se quedan o se van…

Posiblemente, tengas ganas de gritar, porque un halo de impotencia quiso arrebatarte la paz.

Tal vez sientas deseos de reír, con o sin causa, porque la felicidad te inunda.

Quizás necesites llorar, por seres que perdiste o por obstáculos que debiste sortear.

A lo mejor el enojo te haya pillado por sorpresa, o un te amo te haya puesto de cabeza.

Probablemente, un perdón, por orgullo o vergüenza dé mil volteretas.

Cualquiera sea el contexto en el que te encuentres, solo obsérvalo, y déjalo salir…

Porque las heridas sanan.

Porque todo pasa.

Porque el tiempo es hoy.

No ayer.

Ni mañana.

SOLTAR

"Vuela, que hasta los pájaros heridos también lo intentan".

¿Qué tal si lo dejamos ir?

¿Qué tal si renunciamos a resistirnos y nos enfrentamos al dolor, pero con valor y aceptación?

"Tú me dirás":

"Pero me duele, y mucho..."

¡Siento que no puedo más con esto!".

Y claro que duele.

Pero ese pesar debe ser momentáneo y etéreo, porque si se prolonga en el tiempo, termina por quitarte las fuerzas y puede convertirte en un vil victimario, de ti mismo.

Sea lo que sea, por lo que estés pasando, hazte un favor: suéltalo.

Confía en que todo es un aprendizaje, que tu alma ha elegido para darte fuerza y permitirte emprender un nuevo camino como ser humano.

Es momento de soltar.

Soltar lo que lastimó y sigue anclado en tu interior.

Liberarte de emociones y pensamientos tóxicos que no suman a tú evolución.

Hoy es tiempo de romper las cadenas que aún te amarran al pasado y quitarte las numerosas máscaras que falsamente te disfrazan.

Es necesario aligerarse para volar más alto y sanar el alma.

Te invito a cerrar los ojos y a respirar con ganas.

Nada te ata.

Solo tu ego es quien te estanca.

BRILLA

"No hay nada "bueno", ni tampoco "malo". Cualquier perspectiva es solo un mecanismo egoico para juzgar aquello que no ves desde la 3D".

Desde tiempos inmemoriales, el dedo acusador de las mentes mediocres ha generado una dicotomía constante contra aquellos seres que van en contra de lo tradicional o no se alinean con sus intereses.

Solemos entrar en conflicto cuando lo considerado "políticamente correcto" no se adapta a nuestro cotidiano.

La "realidad", tal como la conocemos, proyecta patrones inconscientes que hemos aprendido o nos han inculcado.

Y nada está más alejado de la verdadera esencia que nos ha creado.

Creemos que debemos hacer para encajar en un mundo ilusorio y virtual.

Y nos olvidamos de que la perfección en ti… ya es.

"**Ser**".

Eso es, precisamente, a lo que vinimos a hacer.

Nada ni nadie es insignificante.

Todos somos parte de un plan divino.

No importan los hábitos, creencias o dogmas.

Existe el libre albedrío, y cada quien tiene su proceso.

¡Discernimiento!

Si el brillo incomoda, significa que por ahí es…

PADRE

Sabio.
Pacífico.
Resiliente.
Justo.
Noble.
Transgresor.
Buena persona.
Y mil calificativos más...
Pero, sobre todo –y el más importante–:
Fuiste mi PAPÁ.

No hay uno sin la fusión de dos.

Una madre sola puede concebir una vida utilizando como mecanismo de acción a la ciencia misma, pero solo es posible si el semen del hombre germina en su útero.

Como vemos, estamos hechos de un cincuenta por ciento de papá y el otro cincuenta de mamá.

No puedo rechazar ninguna de estas energías, pues estaría negando una parte de mí misma.

El padre es el pilar fundamental para experimentar el mundo.

Es él quien nos abre la puerta para desarrollarnos ante la vida, desde lo masculino.

Es quien nos provee el sustento material y aporta la autoridad y la disciplina para alcanzar la autonomía.

Sanar la relación con nuestro progenitor –esté vivo o no– resulta primordial para que cualquier área o aspecto de nuestra vida fluya en perfecto orden y armonía.

Desde las constelaciones familiares, existen numerosos ejercicios que ayudan a compensar el desequilibrio ocasionado por una relación distante o dolorosa con nuestro padre.

Uno de ellos es contemplar una foto suya, inclinar la cabeza con respeto y agradecer, desde el alma, la vida que nos dio con su divina presencia.

¿Y tú?

¿Cómo está la relación con tu papá?

¿Estás dispuesta o dispuesto… a perdonar?

CONCIENCIA

"Cuando no sepas qué decir...
calla y deja que tu corazón hable por ti".

En un mundo dispar, el entramado consciencial en ocasiones se vuelve ficticio, en otras, sublime.

La conciencia del ser se apertura en aquellos que buscan y que están dispuestos a emprender el viaje del autodescubrimiento.

Cada movimiento humano entreteje conexiones, despertando el caudal de lo sobrehumano, y nuevas realidades aparecen ante los ojos de los dichosos que quieran experimentar desde el ser.

La conciencia tranquila no se jacta de ironía, solo es.

Redimirse al proceso, aceptando.

¡De ninguna manera puedes fallar! Todo es perfecto así, y como tal.

La divinidad que hay en ti te guiará.

Si necesitas ayuda, seres amorosos a tu vida llegarán.

¡No estás solo/a!

ESCALERA

"Cuesta arriba y sin retorno".

La vida, a veces, se asemeja a una escalera.

Hay días en los que el subsuelo es nuestro espacio de duelo. Allí se nos complica tanto subir el peldaño, que el "No puedo" y lo denso se pelean en silencio para aletargar el "Sí quiero".

Una vez que logramos dar ese primer paso, la constancia y la perseverancia son quienes nos toman de la mano y acompañan.

Conforme seguimos avanzando cuesta arriba, el ímpetu y la ansiedad se van desatando.

Después de varios escalones, se vislumbra el descanso. Ahí, brevemente, la duda y el cansancio comienzan su trabajo. La mente dirá que es hora de abandonar y de volver a aquello que conocido es; pero la chispa del ser conectará con el propósito de no dejarnos caer.

Con impulso y determinación, continuamos en ascenso empinado y llegamos a la meta, algo agotados, pero felices de haberlo logrado.

"Hemos llegado a lo más alto".

La cima se abre ante nuestros ojos, y se alcanza la dicha.

No olvidemos observar desde arriba con la humildad de un guía.

De nada sirve llegar tan lejos y volvernos egoístas.

La vida es como una escalera: hoy estás abajo, mañana arriba, y viceversa.

¿Y tú?

¿En qué peldaño te encuentras?

¿Te animas a subir la escalera?

EGO

"El ego se cree tan importante, que intenta adueñarse de las formas, aun a sabiendas de que nada le pertenece".

Hace unos pocos días, me acorraló el miedo a perder; ese temor arcaico, incrustado en el colectivo humano, de ver morir a aquellos que más amamos.

Por más que intentara desviar mi atención, el ego se apoderó de mi mente confusa, y me venció...

Cuando conjugamos apego y preocupación, el resultado exacto se convierte en desolación.

Después de recobrar algo de conciencia, comencé a respirar. Ese simple acto me ayudó a darme cuenta de que estaba fuera de mi centro y lejos de mi paz.

Conforme me sumergí en el vaivén de la respiración, una sensación de calma me abrazó, y simplemente todo –absolutamente todo– se acomodó.

Decir que no pedí ayuda celestial sería mentir sin necesidad.

Hoy solo me queda agradecer...

Agradecer al Universo y a la Existencia que seguimos compartiendo la vida.

Y recordar que las personas más importantes en nuestra vida son y serán almas inmortales, acompañándonos en la infinita travesía.

MEDITA

Recordarnos es parte de nuestra misión.
Evocarse en lo simple... y no.
Comprendiendo que no existe la separación. Todo convive en perfecto equilibrio; es nuestra mente divagante quien crea la ilusión.
El espíritu solo es.

Hoy, te invito a contemplar tu propia esencia y a conectarte con ella.

Allí donde estés, tómate un momento. Cierra los ojos y concéntrate en tu respiración...

A medida que inhales y exhales, notarás que tu cuerpo y tu mente se irán relajando.

Quédate el tiempo que puedas, aceptando si la mente se dispersa o si algo externo te distrae.

También puedes utilizar cualquier tipo de meditación que resuene contigo.

Otra forma de aprovechar esta maravillosa herramienta es permanecer en contacto con la naturaleza, contemplando.

La observación de un árbol, una puesta de sol o la simple conexión de tus pies descalzos con la grava o el mar, aportan una sensación de bienestar difícil de explicar.

Meditar no es poner la mente en blanco.

Es vaciar el cúmulo de pensamientos ordinarios que se repiten como patrones del inconsciente en el ajetreo mental cotidiano.

Meditar es entrar en comunión con lo que soy: mi "***YO SOY***".

Y conectarme así con el campo infinito de luz y de amor que me creó.

¿Meditamos?

LÍMITES

"Vale decir 'No'".

¿Por qué nos cuesta tanto poner límites?

¿Qué temores arraigados hay en el inconsciente individual y colectivo que bloquean la decisión de decir "NO"?

¿Será culpa?

¿O falta de valor?

Sea la razón que fuese, hay un modus operandi involuntario que brota a la hora de delimitar nuestro espacio personal.

Y aunque a simple vista no lo veamos, esto repercute –a ciencia cierta– en nuestro accionar.

Una pareja tóxica, un trabajo hostil, un jefe abusivo, hijos irrespetuosos, etc., son claros ejemplos de la inacción al momento de poner un "stop".

Esto no solo genera una enorme inseguridad en la persona, sino que también la condiciona a la alienación y manipulación emocional en cualquier área de su vida, dejándola a merced de una libertad restringida.

Es importante reconocer cuánto estamos dispuestos a ceder.

Por lo tanto, es primordial y fundamental cultivar el amor propio, para que, al momento de lanzar una respuesta negativa, la culpa y el temor no nos repriman.

En estos casos, es necesario rodearse de personas que sumen a tu vida.

Seres que estén presentes y dispuestos a ayudarte a transitar tu caminar.

Y si en algún momento te sientes flaquear, busca ayuda psicológica de un profesional, medita y disponte con ganas de salir adelante, soltando lo que no resuene, sin mirar atrás.

Recuerda que eres un ser divino que todo lo puede lograr.

De corazón a corazón
Te amo
¡Aquí estoy!

RESPIRA

–¿Qué tal si nos tomamos un respiro?
Y me preguntas:
–¿Uno, diez, cinco?...
–No importa... arranquemos, el ser nos guiará solito.
Yo cierro los ojos y tú haces lo mismo.
Tú inhalas, y se agudiza mi oído.
Vos exhalas, y yo tomo tu suspiro.
Luego me concentro en mi cuerpo y en lo que siento.
Te oigo... pero ya es otro el cuento.
Y mientras mi respiración se calma, mi mente se dispara, boicoteando el momento.
Percibo tu calor, pero no te veo.
Quizás vos también estés luchando contra el ego.
Y cuanto más me adentro en mi centro, más pesado se siente mi cuerpo.
Una nube sutil me envuelve como pétalos de loto.
Y ahí estoy...
Te veo.
Volando, deambulando por el éter.
Ya no hay miedos ni preocupaciones.
Todo se reduce a la nada, y al vasto universo...
Y quiero quedarme con la esencia que soy y que aún no recuerdo.
–¿Qué tal si respiramos?
Y nos abrazamos con el aliento.
–Y vos... ¿ya respiraste hoy?

En momentos de caos, respira.
En tiempos de paz, respira.
En el bullicio, respira.
En el silencio, respira.
En tu renacer, respira.

En tu exhalación final, respira.
Respirar es decirle **"sí"** a la vida.

TRANSMUTA

"Solo espero; sin expectativas;
que la vida me sorprenda una vez más".

En el entramado álmico, se tejen hilos invisibles, que se van conectando a través de un campo mórfico-cuántico unificado, acorde a lo manifestado, de forma consciente o inconsciente, por el ser humano.

A cada instante la coherencia vibra en armonía con lo que estamos experimentando.

Si ahora mis pensamientos son claros, mis emociones naufragan en pacíficos lagos y mi cuerpo está sano y equilibrado, estaré creando una atmósfera donde todo se desarrolla sin caos. Aparecen las personas correctas, las situaciones prosperan y el tiempo presente se eleva.

En cambio, si estoy quejoso y malhumorado, estresado, sin cultivar ni cinco minutos la paz en mi cotidiano y no respeto mi templo holográfico humano, las condiciones que se presentan serán caóticas.

Ser consciente en el ahora de cómo estoy viviendo, habitando mi cuerpo y conectando con mi sentir interno, puede crear escenarios nuevos en términos de escaso tiempo.

Una herramienta eficaz que puedes utilizar es la "llama violeta" del maestro "Saint Germain", para trasmutar cualquier situación discordante que se pueda presentar.

Como "Kairós", todo es perfecto para el Universo.

Solo es cuestión de estar alertas y atentos.

MÁSCARA

Mi ego herido manifiesta una vez más;
La necesidad de huir, de escapar.
De volar alto, sin mirar atrás; fugándose cual prisionero, en busca de su libertad.
Y se esconde tras las sombras, disfrazado de felicidad; ansiando el momento perfecto de volver a atacar.
Sin darme cuenta, lágrimas negras comienzan a rodar.
Mi voz interna se hace frágil ante tanta oscuridad.
Pensamientos negativos fluyen a toda velocidad; separándome de mi esencia, con razón y sin piedad.
Y cierro mis ojos, anestesiada ante una falsa realidad.

¿Quién soy?

¿Cuántas máscaras utilizamos a diario para tratar de encajar?

¿Qué personajes egóicos interpretamos, con tal de no sentirnos rechazados?

¿Qué somos capaces de hacer y de ceder, para sentirnos amados?

¿Qué veo cuando me autoobservo?

¿Quién soy?

Todos estos interrogantes nos llevan a adentrarnos en un espacio de conciencia y autodescubrimiento, tratando de quitarnos capas y capas de condicionamientos y mostrarnos las falsas máscaras que utilizamos ante la sociedad o en nuestro entorno familiar, para sentirnos aceptados y pertenecientes.

Desde las esferas más elevadas hasta las más pequeñas, a lo largo de los años, han ido contribuyendo a la pérdida de nuestra propia identidad, empujándonos a adoptar personalidades ficticias y efímeras, para poder sobrevivir y adaptarnos a un entorno cada vez más competitivo y superficial, desconectándonos de nuestra esencia primordial.

Sé perfectamente que esto puede tornarse cruel y hasta despiadado, pues cada ser humano sobrelleva demasiada carga emocional de traumas no sanados, que se exponen en cada relación con la cual nos conectamos. A menudo proyectamos en el otro juicios o halagos, dependiendo del escenario, sin tener a recaudo que podamos obrar mal, equivocarnos y llevamos a cuestas el traje de madre, padre, hijos, jefe, amante, gay, religioso, ateo, apto o incapaz, etc. Estos son algunos de los incontables rótulos y no nos damos cuenta de que no somos ni lo uno ni lo otro.

Detrás de cada rol y actor, hay una presencia sutil que va más allá. Una que aflora cuando estamos en paz, en silencio y se expande, en lo natural.

Somos esa chispa divina que se enciende cuando tenemos la necesidad de ayudar, de bailar, reír o cantar.

¿Cómo me desprendo de esas capas?

Meditando. En la medida en que lo hagas, irás vaciando la memoria chatarra.

¡Ánimo!

Somos mucho más de lo que podamos imaginar.

Somos dioses vestidos de humanidad.

CONFÍA

"Miles de deseos elevados buscarán
la manifestación perfecta de la divinidad".

Cuando esperas un –¿estás? – de alguien que ni en sueños te va a buscar.

Así somos, así estamos. Siempre yendo a contramano. Cuanto más nos ignoramos, más desprecio aceptamos.

¿Qué esperamos?

Es recurrente esperar:

Una cita

Un viaje soñado

Un amor romántico

Un ascenso.

Esperamos, desesperándonos, algo que ni siquiera sabemos si se va a dar.

Y así se nos pasa la vida. Esperando algo...

Eso que, cuanto más foco de atención le colocamos, más lo alejamos.

Vivir en el momento presente es confiar.

Confiar en que lo bueno ha de llegar, que el universo nos dará aquello que hemos pedido y que se materializará cuando estemos receptivos y con alta vibración.

Si intentamos controlar el poder de manifestación, la ansiedad ralentizará más aquello que hemos anhelado.

Cuanta más conexión haya entre cerebro y corazón, más fácil será para el campo cuántico, otorgar el deseo encomendado.

Todos tenemos la capacidad de crear milagros en nuestra vida.

La divinidad nos otorgó esa capacidad, solo que, si no la activamos, se queda dormida en la profundidad.

Activa tu verbo divino.
Crea desde el corazón.
Y agradece de antemano que hecho está.
Mi deseo es:
"Que se cumplan todos y cada uno de tus sueños".
Gracias, gracias, gracias, gracias.

PROPÓSITO

"Un artista puede trabajar en un penitenciario, pero no será feliz hasta que pise un escenario".

El propósito álmico es marcado por el sentir humano.

Si lo que estamos haciendo nos gratifica, da paz y serenidad, podemos dar por sentado que ese es el motivo por el cual encarnamos hoy acá.

Cuando transitamos nuestro plan divino, todo se alinea de forma fácil y natural, en sintonía con nuestro despertar.

Fluye, así, sin más.

En la medida en que nos interiorizamos en la búsqueda espiritual, los dones y talentos que poseemos comienzan a aflorar.

La sincronía se vuelve la maestra que nos enseña a dejarnos guiar por nuestra divina naturaleza.

¿Cómo te das cuenta?

¡Estate alerta!

SILENCIO

"Cuando no sepas qué decir...
calla y deja que tu corazón hable por ti".

VIAJE

"¡Todo fluye, ahí donde debes estar!".

Hoy, mi tren se detiene en la parada N.º 45 de la estación terrenal. Retomará su viaje durante un lapso más, luego de sentarme a reflexionar.

Desde la parada anterior hasta llegar a esta, mi travesía se ha tornado algo extensa.

En ocasiones he atravesado tormentas, y en otras, simplemente me rendí a lo que surgiera.

A mi lado me acompañaron muchos seres amorosos, pero también hubo quienes se bajaron.

Algunos simplemente los despedí sin más, pero hay otros que, aún hoy, me cuesta soltar.

Viví miles de experiencias que me llevo grabadas en el alma, y toneladas de amor que alivianan mi carga.

Si estás leyendo esto, es porque has sido mi compañero de asiento.

Gracias por acompañarme en esta aventura de mi vida en la Tierra.

EPÍLOGO

Cada proceso es único y personal. Acéptate y ocúpate. No te autocastigues si aun después de intentar encontrar respuestas, te sientes más perdido/a y fuera de la senda.

Quiero que comprendas que todo es perfecto, aun en condiciones adversas.

¡Vive tu experiencia como prefieras y a tu manera!

Eres Dios-Diosa, habitando en este planeta.

CIERRE

Permítete cerrar las puertas que te fragmentan de tu Ser.

Sana esas viejas heridas que has cargado toda tu vida.

Reclama la soberanía divina que te pertenece por el simple hecho de estar aquí, viviendo tu vida.

Libérate de aquello que ancla tu alma y no te deja crecer.

Vuelve a tu centro, una y otra vez.

Y si la duda o el miedo intentan empujarte al abismo...

¡Jala fuerte!

Porque la libertad está justo a la vuelta de la esquina.

¡Tú puedes!

¡Atrévete!

ÍNDICE

Made in United States
North Haven, CT
10 November 2026

22091513R00059